IN PRAISE OF ST. JOHN CHRYSOSTOM

ST. JOHN OF DAMASCUS

Translation by: D.P. Curtin, Nico Hatzi

IN PRAISE OF ST. JOHN CHRYSOSTOM

Copyright @ 2014 Dalcassian Press

All rights reserved. No part of this publication may be reproduced, distributed, or transmitted in any form or by any means, including photocopying, recording, or other electronic or mechanical methods, without the prior written permission of the publisher, except in the case of brief quotations embodied in critical reviews and certain other non-commercial uses permitted by copyright law. For permission request, write to Dalcassian Press at dalcassianpublishing at gmail.com

ISBN: 979-8-3304-5492-1 (Paperback)

Printed by Ingram Content Group, 1 Ingram Blvd, La Vergne, Tennessee

First printing edition 2014.

IN PRAISE OF ST. JOHN CHRYSOSTOM

The Homily of our Holy Father John of Damascus on Saint John Chrysostom.

1. It was fitting, O golden John, for those attempting to praise you to touch upon your golden tongue, to bring forth a golden discourse. And upon this, your voice ought to be present; for it alone would fittingly aim at the praise, and indeed these things now. For you, who lived on earth before your departure, had a prosecutor of forgetfulness concerning the achievements in your first speeches. For somehow the wise conceal their achievements, lest being thought to be, they might not be; but since it is dear to fathers and the murmurs of children, and two coins to God are dearer than the delicate achievements; for it is not by power, but rather by choice that it is natural to judge these things; and also one should not turn away from the encouragement of a God-loving man; for he is modest and has many graces owed to us; I touch upon the words; but I do not rise up, nor without restraint, but as necessity constrains, I offer you the divine and sacred teachings of yours as the first fruits. For to me there will be such a proposition, having come close to worth, not the casual praise, but having been left behind in this, which is not to suffer the best, but the impossible, granting pardon to the just defeat, and give me the fiery grace of the Spirit. For you yourself have prophesied, bringing forth from the unworthy what is

worthy, not just one or two; for this would be something that could happen to many, but to all houses, and indeed to cities.

2. Having begun from yourself, and having truly made yourself Jerusalem, a city of the living God as a dwelling place of the divine Spirit, you have reached the limits of the earth, both of the East and of the West, of the Bear and of the South by the word, as it might be said most appropriately of you concerning the divine statement of David: "Their voice has gone out into all the earth, and their words to the ends of the world." For you have become a student of the true wisdom of Christ, of the power of God and the Father, and having traced this, as much as power allows, and having become an imitator of God as it is possible for man. For you have built upon the deepest foundation of humility, the limits of nature, the idea of all virtue, through which alone God has deemed to save, and man is saved. For there is nothing safer than this foundation. And humility, as from faith, is evident everywhere. For how could anyone humble themselves before the greater, not believing that He is greater and highest?

3. And you have become full of words as a healer of the Word, through which you have proclaimed the divine Word, and the essence of God and the Father, through the Spirit to the Father, declaring the consubstantial, clearly knowing the unity in the Trinity; worshipped, and the Trinity summed up in unity, bringing forth a paradoxical union and division. Neither the singular confused, nor the triplicity divided in any way; in the other, sustaining the other, in the unity of the essence of the hypostases, the singular and the nature unchangeable. These things you have taught to the whole world, one divinity threefold in one of its hypostases wholly participating with us; and this is the Son of God and the Word, who is impassible in the passible nature united, and these as if subsisting, and beginning to be, both incarnate and made flesh, and the simple by nature united with nature, and truly known as two natures bearing after the union, of which one is that which is proclaimed; each having a fullness according to its own limit and word, the one unbegotten and uncreated, the other made and created, the one impassible, invisible, unexpressed, unbounded, the other passible and visible, and

tangible, and bounded; each willing, and having free will, and active, each accomplishing this and that, the one Christ, and Son, and Lord; of the one functioning organically, of the other acting dominantly; each having its own energy and free will motion; but the one itself accomplishing this and that, through both bringing about the saving renewal of us, in which He compassionately emptied Himself.

4. Learning these things you have taught, and with these you have built the golden and silver-bright splendor of the best works; so that we, being bread-like, may not be consumed by the critical fire; but rather may be more and more purified, being expended as much as counterfeit, and pure, joining with the purifying and God-creating fire eternally. Who would grant me a tongue worthy of the praise? Who would place me on the day before, when the divine fire was striking tongue-like, resting upon each of the apostles singularly and manifoldly, so that the singular doctrine of faith might be proclaimed in many diverse tongues, gathering into one the separate, dissolving the manifold error, to which those who built towers of old poorly agreed, and received the wage of their impiety the confusion of the tongue, and through this opinion division? Who would grant me a share of this tongue of the Spirit, so that I might proclaim the surpassing advantages of this spiritual man? Here the ocean of words, the abyss of thoughts, but the grace of the Spirit does not yield to words. For he who wishes to speak the things of the Spirit without the Spirit chooses light without seeing, and has darkness as the guide of sight. Therefore, again I turn to him now praised, lighting the lamp of knowledge from him, so that he may be the proposition of the praise, and the sponsor of the commendations.

5. Who is so abundant in words and great in understanding, that their comparison is incomparable, making it unclear who is more admirable? Who is such a model of virtue and so visible that there is no need for words for education? Who poured forth a flurry of words that followed the actions, drawing strength from them, so as to speak also on this matter, of which Luke the divine proclaims concerning Jesus my God, from whom existence and the good existence are attributed? Who undertook action and

contemplation, trampling on the pleasures of the flesh, as if incorporeal, and considering the divine with God? Who, with faith as the soul, so arranged the works as if they were the limbs of the body, and animated and enlivened the works with faith, so that one might be useless and unprofitable without faith, and yet no one would give the first place without purpose? Who expelled gluttony, enslaving the mistress, and silencing the raging thoughts with pious reasoning, becoming master, not servant, of this?

6. And so great was his self-control that it escaped notice, whether what was offered was food or drink. For nature is needy, and the flesh fluid and moving, and as if deficient of spirit; for without breath, the unmechanical cannot live, and the rest thus must be filled to meet the deficiency. For there are three things that are empty: dry, and wet, and spirit; of which the proper filling of each constitutes this body naturally determined by the Creator. But the grace of the Spirit does not yield to the limits of nature. For man will not live by bread alone, but by every word that comes forth from the mouth of God. Who is so pure in both soul and mind towards the body, that it may be witnessed by him and the mixture may be foolish? But it is not truly foolish; for it is not unreasonable, nor is the nature of the body weak, but the mastery of reason harnesses the unreasonable, and raises every inclination towards God, for whom he was also created, turning away from the ease of pleasure as a fire's smoldering, while choosing the roughness of virtue as a perpetual ease. Thus, training himself, proceeding from small things, he always became more self-controlled, until passion fell asleep, having disciplined and acted through ascetic art, progressing in the habit over time and gradually entering into nature. For having encountered the toil of divine assistance, he was born to be indifferent.

7. Who has renounced the love of money, with which he desired not to possess wealth, as if another desired to possess? The foundation of passions, the deprivation of hope, the opposite of faith. Therefore, Paul, the God-inspired lyre of the Spirit, the multi-toned mouth of the apostolic tongues, rightly names this idolatry. For someone who has relinquished divine providence to grasp the anchor of hope, is pushed by the collection of wealth.

Placing these before the greater, as if to live immortal, and as if the sea were not to be filled, even if the greatest rivers of gold flow in, the now well-spoken one did not choose these, but having rejected all, he boasts of a glorious and distinguished homeland; I speak of Antioch, and of the dawn having received the harvests; a race and blood to be regarded, gold, silver, precious stones, having given as much soft and splendid clothing as others, and also the glory of words and power.

8. He frequents Melitius, the president of the Church of the Antiochians, a man adorned with many divine gifts, echoing in life and word; who receiving him, bringing him to the tenth year, became a lover of the beauty of his own heart, as with prophetic eye he saw the outcome of the youth, establishing himself in the doctrines of piety, sufficiently adorning his character and manner, and having written the beauty of truth, thus through the bath of regeneration, he forms in him Christ, the beautiful among the sons of men, as shining in beauty of divinity. He was about thirty years old and thus at the perfection of both bodily and spiritual age, and having been advanced as a reader of divine words, he also became a teacher, moving to the wilderness with the rhythm of divine love, wishing to invigorate the flesh and to mortify it with passions, so that the better might not be enslaved to the worse. For both desire one another, and the decay of the tent justly gives dominion to the soul; and having conversed with those nearby, he is led to some elder, a Syrian in dialect, but not ignorant in knowledge, a philosopher holding self-control, and having spent four years in this discipline, and having more easily overcome all pleasure, having a word mingled with pain, being fond of the incomprehensible, he became a resident of some extremity, a cavernous retreat as a wrestling ground and a dusting place of virtue.

There, how many contests did he endure according to the multitude of pains, receiving the comfort of the Spirit? How many ascents did he set in the heart, laboring through the Spirit? Advancing from strength to strength, and through both action and contemplation, uprooting every Egyptian thought of the soul and body.

9. Moses, another one gifted with life, left behind the life of Egypt, and having become in some way outside of life, saw God as shining in the roughness of life; and just as the rose springs from the thorn, so from labors virtue blooms into the fragrance of God. Thus freed from the lowly thoughts, and having relinquished the earthly in the place of God, he becomes in his own mind, and sees God as possible to be seen, and again he goes into Egypt, bringing many and countless from Egypt, and from the bitter tyranny of Pharaoh the world ruler, and being removed to the upper land of the promise, and transferring through the Red Sea of divine water and blood, having dwelt in the wilderness of passions, and Amalek striking down the hands raised crosswise towards the one who stretched out his hands for us on the cross, receiving from him the trophy-bearing power. In the cave then, having spent a double year, and having kept his soul and body awake, as if incorporeal, engaging in the study of divine words, he expelled all ignorance, having received the light of true knowledge.

If it was necessary to partake of sleep for the restoration and revitalization of nature, let the function of nature be completed, so that the dual year does not at all recline, neither by night nor after day. Thus the lower organs die, and the powers of the kidneys are weakened, and the heat of the belly around the navel is extinguished, and one becomes lethargic in serving oneself.

10. Again, having returned to the homeland, and becoming a presbyter in the Church, and in this capacity, as a well-disposed child repaying the nurturer mother with the offerings, he is transferred by divine providence to the azure of the cities, and he marries the daughter of the great high priest. For it is not fitting for such a holy lamp to be hidden under a bushel, upon which the timeless and eternal light rests, but to be set upon a high and conspicuous lampstand, so that as from a lofty and central perspective, a trumpet, like a golden one, may sound throughout the borders. Who thus directed and arranged the Church, and displayed a humble mindset in the high priority of the office? Who thus controlled anger and passion, as if to acquire lawful gentleness, hating everything contrary to virtue, and claiming the just from the unjust? Who has such love, from which mercy springs? Where the symbols of virtue still bear living inscriptions until now.

For every word had a basis of mercy for him, as if to lead to a disposition of compassion and sharing the words of those praising him. For he persuaded God to take up his own, measuring the perishable and flowing against the standing, and to store the imperishable in heaven, the offering of compassion, not being squandered. Nor is it to be plundered, cleansing sins with almsgiving, and injustices with the compassion of the poor; to feed the hungry with the bread of the Gospel, and to give the thirsty a cup; to clothe the naked with clothing, and to shelter the homeless under the open sky; to visit the sick, and to offer the foot to the guard, to bear fruit in the oil of mercy.

11. But who has turned away anger, and persuaded the flock to be cast off, the divine bowels of compassion having closed to those who possess it? For as you have done, let it be to you, he says; with what measure you measure, it will be measured back to you. For to the one who has released, it will be released. And again, a following has been proclaimed; it will not be released for the one not releasing. Who has condemned envy and malice? And having taught condemnation? To envy is the greatest; for all good is envied. The self-condemned is against the most shameful, the envious, the most unjust of all passions, and the most fitting is the opposite of mercy; if indeed mercy is to be pained by the evils of others, but the envious towards the good, not for his own sake, but for the sake of the one suffering; and to make increase of the self-indulgence of his own to increase the suffering of others, the one who possesses is defending himself beforehand. And having taught not to judge the fellow servant, so that we may not be judged by the just scales of the only judge weighing justice for us; nor to seize the authority of the master. For there is one judge, who is not to be judged, as the only one free from sin, ruling, not being ruled. "Leave it," he cried evangelically, "and you will be forgiven."

Who has removed the sorrow leading to death and taught sorrow the cause of laughter? Of which one is like mourning for the sin from God, salvific; if indeed to sin is to fail, those who have grasped these things are terrible; but the one arising from the deprivation of pleasures, truly envious and entirely commendable. For there is no sorrow to happen, either upon deprivation of desire. Such is indeed the desire, and such is the sorrow of failure; the best of desires is directed towards the only best. But the desires of opposites are contrary. And has not the indifference not stirred the memory of death? Teaching the soul's power to shake off, and having opposed it with divine fear, and urging the people with longing towards prayers, and entirely shaking off lethargy from the souls, and with every strength keeping their own hearts, so that death may not rise upon them through some openings of the senses.

12. He taught to search the Scriptures, becoming their interpreter and teacher, and having explored the hidden depths of the Spirit with prophetic spirit, and having broken the veil of the writing, and publishing the beauty of the hidden treasure; and all these things with a sharp and unpretentious mind. For he knew how to trample the empty glory, the void of pains, the spoils of virtues being corrupted. For he knew how to be a steward, the psychic vessel of virtues, and receiving the influx from the outflow, establishing the vessel no less empty, granting unprofitable sweats, and causing pain without sharing in the harvest. For he knew it was fitting, all glory and pride to God, but to man humility, becoming the best path of exaltation, and Israel's branches, raising man to God, and fulfilling God the heart's dwelling.

13. He humbled all creation through the Creator Lord, whereby only Christ was not dishonored, and the divine law was overlooked and overturned. He was serious and gloomy, and with overhanging eyebrows; giving a mild eye to those mingling, but a gentle and divine word seasoned with salt. The character was charming, but the smile of the face was playful, not pouring out a noisy laughter. For knowing that evils cling to virtues, and they are somehow nearby, yielding to the one excellently commanding, he paid attention to himself, becoming a clear table servant; sending away all counterfeit marks, but approaching the coin of the royal image, every form of evil, as if casting out the dust from his own heart by the rhythm of the divine Spirit, being watered and nourished by the opposite virtues of evils, and being like an olive tree bearing fruit in the house of God, known as ever-green in the Church, and bringing to God beautiful fruit, the multitude of those being

saved through him; or as a phoenix of the best reproaches sealed with a thorn. And excellently disputing those joining house to house, and Naboth being hurried to plunder the vineyard, as if the sun was not present to dispute. But again the Holy Spirit raised Elijah, dwelling in the souls of the righteous. From generation to generation, he raises prophets, zealous for good works, hating whatever is base and inappropriate, but housing and bringing forth all that is lawful and just.

14. Thus, this divine man became a judge of injustice; not judging in this way, go away; how? But condemning and showing this to be abominable, and shutting off those who commit injustices from the divine precincts. For a widow was constantly pressing him, troubling him, tormenting his heart with her wrongdoing. Like a refuge, as if something strong and indestructible, this man of God was seized, certainly not least being deliberated upon. For what other person would he find to take hold of his passion? A ruler? But the one influencing this was the ruler of rulers. A king? But through the effort of the flesh, his mind was subdued. For flesh was of his flesh, bone of his bone, the one committing violence. And she who ought to have silenced the wrongdoers was hastening to do wrong. What do you do, O lawless woman? You are surrounded by a purple robe, as if displayed as a guardian of the law, and you trample upon the law? O the unspeakable wisdom of the one saying: Do not give the holy things to dogs, nor cast your pearls before swine! For she, having trampled upon the divine law, the holy, that is, the precious pearl, having turned away the wretched widow, plundered her fleeting livelihood. What are you doing, O insatiable and ungrateful woman? Having the earth and sea bearing gifts, you are consuming the meager estate of a widow, which you ought justly to exchange for a livelihood? But while affirming the law in word, you act contrary to it in deed? Did you not fear the Father of the orphans and the judge of the widows? But he indeed heard, being always nourished by the divine words of the God-inspired utterance: Judge the orphan, and justify the widow; and having Elijah as the zealot's guide, the one breathing fire, he imitates the boldness of John, saying that it is not lawful for you to have your brother's vineyard. Do you think that nature has gone out of bounds, if you have surpassed the worthiness with a tyrannical position? For a

kingdom established by law is founded, but one based on lawlessness is rightly called tyranny. Have you not read of Jezebel's drama? Why do you enter the divine sanctuary? Go far away from the divine rulers. There is a divine bath, casting off sins. He who received Jesus as a guest well scattered those things which he had wrongly received; and you, daughter (for you are still a member, even though I give you a hard time in hope of salvation, but salvation is without repentance, established among the nonexistent); repay well what you have wrongly plundered.

15. Saying these things, he did not persuade. For she hardened her hearing like a snake, not paying attention to the one who was kindly and wisely administering remedies. But when she saw the passion utterly incurable, she cast out of the sacred chamber the wedding garment that she did not have. Then what? Jezebel again rises against the prophet, and the herald of truth does not flee at all, nor is he delivered to a guard, as if the voice of one crying out, but is condemned beyond measure. O the absurdity of thought! Again, the lure of the serpent hastens to exile the man of God from the Church, and she did not miss the opportunity. A little bit of the divine long-suffering gaze, the royal city is exiled, rather by the providence of God, who triumphed over his beloved healers, the masculine mind, and all that is of God, as being of God in him, and with him walked, called with Abraham to a foreign land, fleeing with Moses from the kingdoms, running with Elijah to the cave of Horeb, fleeing with Jesus to Egypt, so that in the labors the courage might be known, and fittingly the prizes might be reaped. As if in some way Job might be mimicked, and God would speak to him. Or do you think that I have been otherwise appointed for you, or that you might appear just, so that you might also proclaim the Gospel to others?

16. But if some others have become accomplices of this lawless excess, let us honor in silence the fathers, lest we bear an additional burden of Ham, looking towards the fathers. For the narrative concerning this is manifold, of some bishops pouring out the absurdity, of others entirely denying this, and of the queen being condemned, threatening the renewal of the Greek customs, already having been recently deposed, unless they were not in

agreement with the pursuit of the divine man. And let the good report prevail; for it is not good to compare fathers, so that we may not become judges of ourselves.

17. Whether thus or otherwise, the president of the Church is removed, both the head of the body and the flock of the good shepherd, who always lays down his soul for the sheep. And the Church longs for the herald, the lawgiver, the sheep, and the pipe; the defenders of Christ are the commander, and the trumpet disturbs against invisible enemies, the protectors are the widows; the orphans seek the father; the sick the bearer, the strangers the guide; the purple of the cities adorns the gold that is unalloyed, and mingling the kingdom with the priesthood, and granting the scepter and the diadem at the hour of the Father; the God-loving hearers of the golden-voiced and golden-mouthed. And if it is not bold to say, Christ departed with the one he brought forth. O how shall I, without tears, lament the incurable calamity? For neither can a stone heart refrain from weeping over this, since even a stone struck by the rod of Moses poured out streams, and a heart hardened by the greatness struck by tragedy pours forth tears like a river.

18. But suddenly the kingdoms are shattered, and Pharaoh again calls upon the God-seer for the defense against the scourge; which indeed happens. For as John returns by royal command, the shattering ceases. Thus God knows how to honor those who are His; for I live, says the Lord, but I will honor those who honor me. Again therefore in joy is the flock of Christ. For to all is given he who becomes all to all, and all rejoice in the obedience of Christ, and are nourished, and grow in the good soil of the heart, receiving the words of John as the seed of the Spirit. But the devil is shattered, and again the herald is usually raised, and the idle one seeks to destroy the brave advance of the Church, attempting to break in and plunder the unassailable wealth; and he takes the power of the body, as once Job did, not bearing the burden beforehand. And again the righteous is taken away, the bridegroom of the chambers is cast out, and the Church is stripped of the adornment, and surrounds the head, having none. For fire from the throne, like a divine scepter, is distributed to the Church and the senate. And again there are

laments and tears, to gather the multitude or to dwell in the longing, and death was more desirable to them than the deprivation of John. But fleeing from evils, as God permits, the prevailing ones, of which he knows, are judged.

19. Thus again exchanging, moving from city to country, he whom he longed for, having pursued, he seized; considering that living is good, and death a gain, having fought the good fight, having kept the faith, and completed the race, and having brought back the prizes of the contest, the crown of righteousness. But he did not allow, even in death, his beloved bride, the beloved husband, and the beloved father of children, to be deprived of grace, but by divine Providence and judgment is fittingly carried to the kingdom; the body to the visible, but the spirit to the invisible; and the herald of divine words remains, until Christ again appears, with whom he will be glorified, enjoying his delight and beauty. These things to me, O Father of Fathers, are the murmurs; but may you oversee us the namesakes, and may you give to the relation to the Creator, who is Christ, eternal joy; to whom be glory and power, always, now, and forever, and unto the ages of ages. Amen.

Τοῦ ἐν ἁγίοις Πατρὸς ἡμῶν Ἰωάννου τοῦ Δαμασκηνοῦ ἐγκώμιον εἰς τὸν ἅγιον Ἰωάννην Χρυσόστομον.

α΄. Ἔδει μὲν, ὦ Ἰωάννη πάγχρυσε, τοὺς τῶν σῶν ἐγκωμίων πειρωμένους ἐφάπτεσθαι, γλώσσης χρυσέης εὐμοιρηκότας, λόγον προφέρειν χρυσόρροον. Ἐπὶ δὲ τούτοις τὴν σὴν ἔδει παρεῖναι φωνήν· μόνη γὰρ ἂν ἑαυτῆς ἀξίως τῆς εὐφημίας καταστοχάσαιτο, καὶ ταῦτά γε νῦν. Σοὶ γὰρ τῷ ἐπὶ γῆς πρὸ ἐκδημίας συμβιοτεύσαντι, λήθη τῶν κατορθουμένων ἐν πρωτολογίαις ἑαυτῆς ὑπῆρχε κατήγορος. Ἀποκρύπτεται γάρ πως τοῖς σοφοῖς τὰ σφῶν κατορθωμάτων, ὡς ἂν μὴ παραρρυῇ τὸ εἶναι τῷ οἴεσθαι· ἀλλ' ἐπεὶ πατράσι φίλα καὶ τὰ τῶν παίδων ψελλίσματα, καὶ δύο λεπτὰ Θεῷ τῶν κατορθωμάτων τῶν ἁβρῶν προσφιλέστερα· οὐ δυνάμει γὰρ, προαιρέσει δὲ μᾶλλον κρίνειν ταῦτα πέφυκε· πρὸς δὲ καὶ φιλοθέου ἀνδρὸς προτροπὴν οὐκ ἀπωστέον· αἰδοῖος γὰρ οὗτος καὶ χάριτας ὅτι πλείστας πρὸς ἡμῶν ὀφειλόμενος· τῶν μὲν λόγων ἐφάπτομαι· ἀλλ' οὐκ ἀνέδην, οὐδὲ συστολῆς ἄτερ, ἀλλὰ τῷ δέει μὲν συστελλόμενος, καί σοι τῶν σῶν θείων τε καὶ ἱερῶν διδαγμάτων προφέρω τὰ ἀκροθίνια. Ἔσται γάρ μοι τοιαύτην ὑπόθεσιν ἀνελίττοντι, ἐγγὺς μὲν ἀξίας ἐληλυθότι, οὐχ ὁ τυχὼν ἔπαινος, ἀπολειφθέντι δὲ ταύτης, ὃ μὴ παθεῖν ἄριστον, ἀλλ' ἀμήχανον, συγγνώμη ἥττῃ δικαίᾳ καθυποκύψαντι, καί μοι δίδου τὴν πυρίπνοον χάριν τοῦ Πνεύματος. Χριστοῦ γὰρ καὶ αὐτὸς ἐχρημάτισας στόμα, ἐξάγων ἐξ ἀναξίου ἄξιον οὐχ ἕνα που ἢ δύο· τοῦτο γὰρ ἄν τις τυχὸν καὶ τῶν πολλῶν δράσειεν· ἀλλ' οἴκους ὅλους, καὶ δήμους, καὶ ἄστεα.

β΄. Ἀρξάμενος γὰρ ἐξ ἑαυτοῦ, καὶ σαυτὸν ὄντως Ἱερουσαλὴμ κατασκευάσας πόλιν Θεοῦ ζῶντος εἰς κατοικητήριον θείου Πνεύματος, πανταχόσε γῆς, Ἑώας τε καὶ Ἑσπερίου λήξεως, Ἄρκτου τε καὶ Μεσημβρίας ἐπῆλθες τῷ λόγῳ τὰ πέρατα, ὡς καὶ ἐπὶ σοὶ εὐστοχώτατα λεχθῆναι τοῦ θεσπεσίου Δαβὶδ τὸ θεῖον προαναφώνημα· Εἰς πᾶσαν τὴν γῆν ἐξῆλθεν ὁ φθόγγος αὐτῶν, καὶ εἰς τὰ πέρατα τῆς οἰκουμένης τὰ ῥήματα αὐτῶν. Φοιτητὴς γὰρ γέγονας τῆς ὄντως αὐτοσοφίας τοῦ Χριστοῦ, τῆς τοῦ Θεοῦ καὶ Πατρὸς ἐνυποστάτου δυνάμεως, καὶ τοῦτον ἰχνηλατήσας ὅσῃ δύναμις, καὶ μιμητὴς Θεοῦ γενόμενος ὡς ἀνθρώπῳ δυνατόν. Σὺ πέρατα γὰρ τὰ τῆς φύσεως Γάδειρα πάσης ἀρετῆς ἰδέαν ἐπὶ τῷ βαθυτάτῳ θεμελίῳ τῆς ταπεινώσεως ᾠκοδόμησας, δι' ἧς μόνης καὶ Θεὸς σώζειν εὐδόκησε, καὶ ἄνθρωπος σώζεται. Οὐδὲν γὰρ ταύτης ἀσφαλέστερον ἔρεισμα. Ἡ δὲ ταπείνωσις ὡς ἐκ πίστεως παντί που δῆλον. Πῶς γὰρ ἄν τις καθυποβαίη τῷ κρείττονι, μὴ πιστεύσας ὅτι κρείττων καὶ ὕψιστος;

γ'. Λόγων δὲ πλήρης ὡς Λόγου θεραπευτὴς ἐγεγόνεις, δι' ὧν τὸν θεῖον Λόγον, καὶ ἐνυπόστατον τοῦ Θεοῦ καὶ Πατρός, διὰ Πνεύματος τῷ Πατρὶ ἐκήρυξας ὁμοούσιον, μονάδα σαφῶς εἰδέναι ἐν Τριάδι προσκυνουμένην, καὶ Τριάδα εἰς μονάδα ἀνακεφαλαιουμένην, παράδοξόν τινα φέρουσαν τὴν ἕνωσίν τε καὶ διαίρεσιν. Οὔτε τὸ ἑνιαῖον συγκεχυμένον, οὔτε τὸ τρισσὸν δι' ἅπαξ διαιρούμενον· ἐν θατέρῳ δὲ συντηρούμενον θάτερον, ἐν τῇ ἑνώσει μὲν τῆς οὐσίας τῶν ὑποστάσεων τὸ ἑνιαῖόν τε καὶ τῆς φύσεως ἀπαράλλακτον. Ταῦτα πᾶσαν τὴν οἰκουμένην ἐδίδαξας, μίαν θεότητα τρισυπόστατον ἐν μιᾷ τῶν αὐτῆς ὑποστάσεων ὁλικῶς ἡμῖν κοινωνήσασαν· ἥ δέ ἐστιν ὁ Υἱὸς τοῦ Θεοῦ καὶ Λόγος, ὁ ἀπαθὴς παθητῇ φύσει ἑνούμενος, καὶ ταῦτα οἱονεὶ ὑφιστάμενος, καὶ τοῦ εἶναι ἀρχόμενος, σαρκούμενός τε καὶ παχυνόμενος, καὶ ὁ ἁπλοῦς τῇ φύσει φύσεως προσλήψει συντιθέμενος, καὶ διφυὴς ἀληθῶς γνωριζόμενος, ὡς δύο φύσεις φέρων μετὰ τὴν ἕνωσιν, ἐξ ὧν ἕν ἐστιν ἅπερ κηρύττεται· τελείως ἔχουσαν ἑκάστην κατὰ τὸν ὅρον τε καὶ λόγον τὸν ἑαυτῆς, τὴν μὲν ἄναρχόν τε καὶ ἄκτιστον, τὴν δὲ ἠργμένην τε καὶ ἐκτισμένην· τὴν μὲν ἀπαθῆ, ἀόρατον, ἀναφῆ, ἀπερίγραπτον, τὴν δὲ παθητήν τε καὶ ὁρωμένην, καὶ ἁπτήν, καὶ περιγραπτήν· θελητικὴν ἑκατέραν, καὶ αὐτεξούσιον, καὶ ἐνεργητικήν, αὐτὸς τοῦτο κἀκεῖνο τελῶν, ὁ εἷς Χριστός, καὶ Υἱός, καὶ Κύριος· τῆς μὲν ὀργανικῶς λειτουργησάσης, τῆς δὲ δεσποτικῶς ἐνεργησάσης· ἑκατέρας τὴν οἰκείαν ἐνέργειάν τε καὶ αὐτεξούσιον κίνησιν ἐχούσης· αὐτοῦ δὲ τοῦ ἑνὸς τοῦτο κἀκεῖνο τελοῦντος, δι' ἀμφοῖν τὴν ἡμῶν κατεργασαμένου σωτήριον ἀνακαίνισιν, ἐφ' ᾧ συμπαθῶς ἑαυτὸν κεκένωκε.

δ'. Ταῦτα μαθὼν ἐδίδαξας, καὶ τούτοις ἐποικοδομεῖν τὴν τῶν ἀρίστων ἔργων χρυσαυγῆ τε καὶ ἀργυροφεγγῆ εὐπρέπειαν· ὡς ἂν μὴ τῷ κριτικῷ πυρὶ πλησιάσαντες φρυγανώδεις ὄντες ἀναλωθείημεν· πλέον δὲ καὶ πλέον καθαρθείημεν, δαπανώμενοι μὲν ὅσον κίβδηλον, καὶ καθαροὶ καθαρῷ τῷ πυροῦντι καὶ θεοῦντι συναιωνίζοντες. Τίς μοι δοίη γλῶσσαν ἀξίαν τῆς εὐφημίας; Τίς με θείη ἀνὰ ἡμέραν τὴν ἔμπροσθεν, ὅτε ηὔγει πῦρ θεῖον γλωσσοειδῶς τυπούμενον, ἐφ' ἑκάτερόν τε τῶν ἀποστόλων ἑνοειδῶς καὶ πολυμερῶς ἀναπαυόμενον, ὡς ἂν τὸ ἑνιαῖον δόγμα τῆς πίστεως ἐν πολυσχεδέσι γλώσσαις καταγγελθείη συνάγον εἰς ἓν τὰ διεστῶτα, καταλυθείσης τῆς πολυσχιδοῦς πλάνης, πρὸς ἣν κακῶς ὡμονόησαν οἱ πάλαι πυργοποιήσαντες, καὶ μισθὸν ἔλαβον τῆς ἀσεβείας τὴν συγχυτικὴν τῆς γλώσσης, καὶ δι' αὐτῆς τῆς γνώμης διαίρεσιν; Τίς μοι ταύτης μεταδοίη τῆς γλώσσης τοῦ Πνεύματος, ὡς ἂν τὰ τοῦδε τοῦ πνευματοφόρου ἀνδρὸς τὰ ὑπὲρ φύσιν ἐξαγγείλω πλεονεκτήματα; Ὠκεανὸς ἐνταῦθα παρήτω λόγων, νοημάτων τε ἄβυσσος, ἀλλ' οὐχ ὑπείκει λόγοις ἡ χάρις τοῦ Πνεύματος. Ὁ γὰρ ἄνευ τοῦ Πνεύματος βουλόμενος λέγειν τὰ τοῦ Πνεύματος, φωτὸς ἄνευ βλέπειν προαιρεῖται, καὶ σκότον ἔχει ποδηγὸν τῆς ὁράσεως. Διὸ πάλιν πρὸς αὐτὸν ἐπάνειμι τὸν νῦν εὐφημούμενον, ἐξ αὐτοῦ ὡς θείου λαμπτῆρος τὸν λύχνον ἀνάπτων τῆς γνώσεως, ὡς ἂν αὐτὸς εἴη τῆς εὐφημίας ὑπόθεσις, καὶ τῶν ἐπαίνων χορηγός.

ε'. Τίς μὲν οὕτω πολὺς ἐν λόγῳ καὶ μέγας ἐν φρονήσει, ὧν ἡ σύγκρισις ἀσύγκριτος, ὡς ἄδηλον εἶναι ποτέρῳ μᾶλλον οὗτος θαυμασιώτερος; Τίς οὕτω τύπος ἀρετῆς ἦν καὶ ὁρώμενος, ὡς μὴ δεῖσθαι λόγου πρὸς παίδευσιν; Τίς λόγων νιφάδας ἐξέχεε τοῖς ἔργοις ἐφεπομένας, ἐκ τούτων τε λαμβανούσας τὴν δύναμιν, ὡς καὶ ἐπὶ τούτου λέγειν, ὧν ἤρξατο ποιεῖν τε καὶ διδάσκειν, ὃ περὶ Ἰησοῦ τοῦ Θεοῦ μου Λουκᾶς φησιν ὁ θεσπέσιος, ἐξ οὗ τὸ εἶναι, καὶ τὸ εὖ εἶναι κεκλήρωται; Τίς πρᾶξιν ἐπῆλθε καὶ θεωρίαν, σαρκός τε ἡδονὰς πατήσας, ὡς ἄσαρκος, καὶ μετὰ Θεοῦ τὰ θεῖα σκεψάμενος; Τίς πίστει ὡς ψυχῇ τὰ ἔργα οἷα μέλη σώματος εὐτάκτως περιέθηκε καὶ ὑπέταξε, καὶ ἔργα πίστει ἐψύχωσε καὶ ἐζώωσεν, ὧν θάτερον θατέρου δίχα, ἄχρηστον καὶ ἀνόνητον, εἰ καὶ τῇ πίστει, οὐκ ἀπὸ σκοποῦ δοίη τις τὸ προτέρημα; Τίς οὕτω γαστριμαργίαν ἐξέωσε, δουλώσας τὴν δέσποιναν, καὶ φιμώσας μαιμάσσουσαν εὐσεβεῖ λογισμῷ, αὐτοκρατὴς, οὐ θεραπευτὴς ταύτης γενόμενος;

ς'. Καὶ τόσον αὐτῷ τῆς ἐγκρατείας τὸ περιὸν, ὡς λανθάνειν, εἴτε καὶ ὅ τι, καὶ ὅσον προσεφέρετο βρώσεώς τε καὶ πόσεως. Ἡ μὲν γὰρ φύσις ἐπίκηρος, καὶ τὸ σαρκίον ῥευστὸν καὶ κινούμενον, καὶ ὥσπερ πνεύματος ἐνδεές· ἀναπνοῆς γὰρ ἄνευ ζῆν τῶν ἀμηχάνων, καὶ τῶν λοιπῶν οὕτω χρεὼν ἀναπληροῦσθαι τὴν ἔνδειαν. Τρία γὰρ τὰ κενούμενα, ξηρὸν, καὶ ὑγρὸν καὶ πνεῦμα· ὧν ἑκάστου ἡ κατάλληλος ἀναπλήρωσις συνιστᾶν τόδε τὸ σῶμα φυσικῶς πρὸς τοῦ κτίσαντος ὥρισται. Ἀλλ' ἡ χάρις τοῦ Πνεύματος οὐχ ὑπείκει φύσεως ὅροις. Οὐ γὰρ ἐν ἄρτῳ μόνῳ ζήσεται ὁ ἄνθρωπος, ἀλλ' ἐπὶ παντὶ ῥήματι ἐκπορευομένῳ διὰ στόματος Θεοῦ. Τίς οὕτω καθαρὸς καὶ ψυχὴν καὶ διάνοιαν πρὸς τῷ σώματι, ὡς μαρτυρεῖσθαι αὐτῷ καὶ τὸ πρὸς μίξεις ἠλίθιον; Ἀλλ' οὐκ ἠλίθιον ὄντως· οὐ γὰρ ἄλογον, οὐδὲ φύσεως τὸ ἀρρώστημα, λόγου δὲ ἐπικράτεια ἡνιοχοῦντος τὸ ἄλογον, καὶ πᾶσαν τὴν ἔφεσιν πρὸς Θεὸν ἀνατείνοντος, ἐφ' ᾧ καὶ δεδημιούργητο, ἀποστρεφομένου μὲν τὸ λεῖον τῆς ἡδονῆς ὡς πυρὸς ὑπέκκαυμα, προαιρουμένου δὲ τὸ τραχὺ τῆς ἀρετῆς φέρον πρὸς ῥαστώνην ἀΐδιον. Οὕτως ἑαυτὸν συνεθίζων, ἐκ μικροῦ προβαίνων, ὡσημέραι ἀεὶ ἐγίνετο ἑαυτοῦ ἐγκρατέστερος, ἕως τὸ πάθος ἐκοίμησε τέλεον, ἀσκητικῇ τέχνῃ τιθασσεύσας καὶ δράσας ὑφήνιον, εἰς ἕξιν τοῦ ἔθους τῷ χρόνῳ καὶ προβάδην εἰς φύσιν ἐλάσαντος. Πόνος γὰρ θείας ἐπικουρίας τυχὼν, ἀπάθειαν χαρίζεσθαι πέφυκε.

ζ'. Τίς φιλαργυρίαν τῶν κτημάτων προαπεκτήσατο, μεθ' ἧς καὶ τὰ κτήματα, οὕτω ποθήσας τὸ μὴ ἔχειν, ὡς ἕτερος τὸ ἔχειν; Τῶν παθῶν τὸ ἔρεισμα, τῆς ἐλπίδος τὸ στέρημα, τῆς πίστεως τὸ ἀντίπαλον. Διὸ καὶ Παῦλος ἡ θεόφθογγος λύρα τοῦ Πνεύματος, τῶν ἀποστολικῶν γλωσσῶν τὸ πολύηχον στόμα, δευτέραν εἰδωλολατρίαν ταύτην καιρίως κατονομάζει. Ἀφεὶς γάρ τις τῆς θείας προνοίας ἀφάψαι τῆς ἐλπίδος τὴν ἄγκυραν, τῶν χρημάτων τῇ συλλογῇ ἐπερείδεται. Ταῦτα τιθεὶς πρὸ τοῦ κρείττονος, ὡς ἀθάνατα βιωσόμενος, καὶ ὡς θάλασσα οὐκ ἐμπιπλώμενος, κἂν ὅ τι πλεῖστοι χρυσοῦ ποταμοὶ εἰσρέωσί τε καὶ μέγιστοι, οὐχ εἵλετο τούτους ὁ νῦν εὐφημούμενος, ἀλλ' ἀπωσάμενος ἅπαντα, αὐχεῖν πατρίδα εὐκλεᾶ καὶ περίοπτον· τὴν Ἀντιόχου λέγω, καὶ τῆς ἕως δεδεγμένην τοὺς οἴακας· γένος καὶ αἷμα περίβλεπτον, χρυσὸν, ἄργυρον, λίθους πολυτελεῖς, ἐσθῆτος ὅσον μαλακὸν καὶ περίδοξον ἄλλοις παραχωρήσας, πρὸς δὲ καὶ λόγου κλέος καὶ δυναστείαν.

η'. Φοιτᾷ πρὸς Μελέτιον τῆς Ἀντιοχέων Ἐκκλησίας τὸν πρόεδρον, ἄνδρα πλείστοις θείοις κομῶντα χαρίσμασι, βίῳ καὶ λόγῳ παντὶ περιηχούμενον· ὃς

IN PRAISE OF ST. JOHN CHRYSOSTOM

τοῦτον δεξάμενος ἔτος που ὀκτὼ καὶ δέκατον ἄγοντα, ἐραστής τε τοῦ κάλλους τῆς αὐτοῦ καρδίας γενόμενος, ὡς προβλεπτικῷ ὄμματι τὴν τοῦ νέου θεώμενος ἔκβασιν, τοῖς τε τῆς εὐσεβείας στοιχειώσας δόγμασιν, ἦθός τε καὶ τρόπον ἱκανῶς ἀποσεμνύνας, καὶ προγράψας τὸ κάλλος τῆς ἀληθείας, οὕτω διὰ λουτροῦ παλιγγενεσίας μορφοῖ ἐν αὐτῷ Χριστὸν, τὸν ὡραῖον παρὰ τοὺς υἱοὺς τῶν ἀνθρώπων, ὡς κάλλει ἐκλάμποντα τῆς θεότητος. Ἐτῶν ἦν ὡς τριάκοντα καὶ οὕτως ἅμα ἐν τῇ τελειότητι τῆς τε σωματικῆς καὶ πνευματικῆς ἡλικίας γενόμενος, καὶ τῶν θείων λόγων ἀναγνώστης προαχθεὶς ὁμοῦ καὶ διδάσκαλος, ῥύμῃ θείου ἔρωτος πρὸς τὴν ἔρημον μετανίσταται, σφριγῶσαν τὴν σάρκα καὶ φλοιδοῦσαν τοῖς πάθεσι καταμαρᾶναι βουλόμενος, ὡς ἂν μὴ τὸ κρεῖττον δουλωθείη τῷ χείρονι. Ἄμφω γὰρ κατ' ἀλλήλων ἐπιθυμεῖ, καὶ ἡ φθορὰ τοῦ σκηνώματος εἰκότως τῇ ψυχῇ τὴν ἐπικράτειαν δίδωσι· καὶ τοῖς πέλας προσομιλήσας ὄρεσιν, ὁδηγεῖται πρός τινα πρεσβύτην, Σύρον μὲν τὴν διάλεκτον, τὴν δὲ γνῶσιν οὐκ ἰδιώτην, ἄκραν φιλοσοφοῦντα ἐγκράτειαν, καὶ τούτου τὴν σκληραγωγίαν τέτρασιν ἀποσμηξάμενος ἔτεσιν, καὶ πάσης ἡδυπαθείας ῥᾷον περιγενόμενος, λόγον ἔχων τῷ πόνῳ συναμιλλώμενον, τῆς ἀδηλίας γλιχόμενος, ἐσχατιᾶς τινος ἐγένετο πάροικος, ἄντρον αὐχῶν καταγώγιον ὡς ἀρετῆς παλαίστραν καὶ κονιστήριον.

Ἔνθα πόσους μὲν ἄθλους ὑποστὰς κατὰ τὸ πλῆθος τῶν ὀδυνῶν τὴν τοῦ Πνεύματος παράκλησιν ἀντελάμβανε; πόσας δὲ ἀναβάσεις ἐν τῇ καρδίᾳ θέμενος τῷ Πνεύματι κατειργάζετο; ἐκ δυνάμεως προβαίνων εἰς δύναμιν, καὶ δι' ἀμφοῖν πράξεώς τε καὶ θεωρίας, ἅπαν Αἰγύπτιον νόημα τῆς ψυχῆς ἐξορίζων καὶ σώματος. θ'. Μωϋσῆς τις ἄλλος τῷ βίῳ δεδωρημένος, τὴν Αἰγύπτου καταλελοίπει τὸν τῇδε βίον, καὶ τὰ τοῦ βίου, καὶ τρόπον τινὰ ἔξω τοῦ βίου γενόμενος, εἶδε Θεὸν ὡς ἐν βάτῳ τῷ τραχεῖ τοῦ βίου ἐκλάμποντα· καὶ ὥσπερ ἐξ ἀκάνθης τὸ ῥόδον, οὕτως ἐκ πόνων ἀρετῆς φυτὸν εὐῶδες εἰς ὀσμὴν τοῦ Θεοῦ φύεσθαι πέφυκεν. Οὕτω λυθεὶς τῶν χαμαιζήλων ἐννοιῶν, καὶ ἀφεὶς δίκην πεδίλων τὰ γήϊνα ἐν τόπῳ Θεοῦ, τῷ ἰδίῳ νῷ γίνεται, καὶ ὁρᾷ Θεὸν ὡς ἰδεῖν δυνατόν, καὶ πάλιν εἰς Αἴγυπτον παραγίνεται, πλήθη πολλά τε καὶ ἄπειρα ἐξ Αἰγύπτου, καὶ τῆς πικρᾶς τυραννίδος Φαραὼ τοῦ κοσμοκράτορος, καὶ πρὸς τὴν ἄνω γῆν τῆς ἐπαγγελίας μεταστησόμενός τε, καὶ μεταστήσων διὰ θαλάττης Ἐρυθρᾶς τοῦ θείου ὕδατός τε καὶ αἵματος, ἐν ἐρήμῳ τῶν παθῶν πολιτευσαμένους, καὶ Ἀμαλὴκ ἐκκλίναντας χειρῶν ἐκτάσει ἐπαιρομένων σταυροειδῶς πρὸς τὸν ἐν σταυρῷ τὰς χεῖρας δι' ἡμᾶς ἐκτείναντα, ἐξ αὐτοῦ τε τὴν τροπαιοῦχον δεδεγμένους δύναμιν. Ἐν τῷ σπηλαίῳ τοίνυν διττὸν ἔτος διατρίψας, καὶ ἄγρυπνον τὴν ψυχὴν ἅμα καὶ τὸ σῶμα διαφυλάξας, οἷον ἄσαρκος τῇ μελέτῃ τῶν θείων λογίων ἐνασχολούμενος, πᾶσαν ἐξωστράκισεν ἄγνοιαν, τὸ φῶς τῆς ἀληθοῦς εἰσοικισάμενος γνώσεως.

Εἰ δὲ καὶ ὕπνου μεταλαχεῖν ἔδει πρὸς τὴν τῆς φύσεως ἀνάκτησιν καὶ ἀνάρρωσιν, ἔστω τὴν λειτουργίαν ἐτέλει τῆς φύσεως, ὡς τὸ διττὸν ἔτος οὐδ' ὅλως ἀνακλιθῆναι, οὐ νύκτωρ, οὐ μεθ' ἡμέραν. Οὕτω νεκροῦται τὰ ὑπογάστρια, καὶ τῶν νεφρῶν τὰς δυνάμεις ἐκλύεται, καὶ τῶν ἐπ' ὀμφαλοῦ γαστρὸς τὴν πύρωσιν παρασβέννυται, καὶ ἄτονος πρὸς τὸ ἑαυτῷ χρησιμεύειν γίνεται.

ι'. Αὖθίς τε πρὸς τὴν πατρίδα παλινοστήσας, καὶ τῆς Ἐκκλησίας ἐν πρεσβυτέρου τάξει γινόμενος, καὶ ταύτῃ ὡς εὐγνώμων παῖς τῇ τιθηνῷ μητρὶ ἀποτίσας τὰ θρέπτρα, θείᾳ προνοίᾳ πρὸς τὴν ἁλουργίδα τῶν πόλεων μετατάττεται, καὶ τὴν θυγατέρα τοῦ μεγάλου ἀρχιερέως νυμφεύεται. Οὐ γὰρ ὑπὸ μόδιον κρύπτεσθαι ὅσιον φωστῆρα τοιόνδε, ἐφ' ᾧ τὸ ἄχρονον καὶ ἀΐδιον φῶς ἀναπέπαυται, ἀλλ' ἐπὶ λυχνίαν ὑψηλὴν καὶ περίοπτον ἀνατίθεσθαι, ἵν' ὡς ἐξ ἀπόπτου καὶ μεσαιτάτης περιωπῆς σάλπιγξ οἷα χρυσήλατος πάντα περιηχήσῃ τὰ πέρατα. Τίς οὕτως Ἐκκλησίαν ἴθυνέ τε καὶ ἔταξε, καὶ χθαμαλὸν ἐπεδείξατο φρόνημα, ἐν ὑψηλῷ τοῦ ἀξιώματος προτερήματι; τίς οὕτως ὀργὴν καὶ θυμὸν ἡνιόχησεν, ὡς ἔννομον πραότητα κτήσασθαι, ἀποστυγοῦσαν μὲν πᾶν ὅ τι τῆς ἀρετῆς ἀντίθετον, καὶ διεκδικοῦσαν δὲ ἐξ ἀδίκων τὸν δίκαιον; τίς ἀγάπην τοσοῦτος, ἐξ ἧς ἔλεος φύεται; οὗ τῆς ἀρετῆς μέχρι νῦν ἔμψυχοι στῆλαι τὰ σύμβολα φέρουσι.

Λόγος γὰρ πᾶς αὐτῷ ἐλέου ὑπῆρχεν ὑπόθεσις, ὡς εἰς ἕξιν ἐληλακέναι συμπαθείας καὶ μεταδόσεως τοὺς τῶν ἐκείνου ἐπαίοντας λόγων. Ἔπεισε γὰρ Θεῷ τὰ οἰκεῖα κιχρᾶν, φθαρτὰ διδόντας καὶ ῥέοντα ἀντιμετρεῖν τὰ ἑστῶτα, καὶ ἄφθαρτα, καὶ θησαυρίζειν ἐν οὐρανοῖς τῆς συμπαθείας τὸν ἔρανον, οὐ δαπανώμενον. Οὐδὲ κλέπτῃ συλώμενον, ἐλεημοσύναις τὰς ἁμαρτίας καθαίρειν, καὶ τὰς ἀδικίας ἐν οἰκτιρμοῖς πενήτων· πεινῶσι διαθρύπτειν τὸν ἄρτον εὐαγγελικῶς, καὶ διψῶσι διδόναι ποτήριον· γυμνῶν περιστέλλειν τὴν γύμνωσιν, καὶ ἀμφιάζειν ἀνείμονας, καὶ ἀστέγους ὑπαιθρίους σκέπειν· ποιεῖσθαι νοσούντων ἐπίσκεψιν, καὶ πρὸς φρουρὰν τὸν πόδα προίεσθαι, καρποῦσθαι τῷ ἐλέῳ τὸν ἔλεον.

ια΄. Μῆνιν δὲ τίς ἀπώσατο, καὶ ἀπωθεῖσθαι τὸ ποίμνιον πέπεικε, τὴν τὰ θεῖα σπλάγχνα τῶν οἰκτιρμῶν τοῖς ἔχουσι κλείουσαν; Ὡς γὰρ ἐποίησας, ἔστω σοι, φησίν· ᾧ μέτρῳ μετρεῖς, ἀντιμετρηθησομένῳ. Ἀφέντι γὰρ ἀφεθήσεται. Καὶ ἔμπαλιν ἀκολουθία πεφώνηκεν· οὐκ ἀφεθήσεται γὰρ οὐκ ἀφιέντι. Τίς φθόνον, καὶ βασκανίαν κατέκρινε, καὶ κατάκρισιν διδάξας; τὸ φθονεῖσθαι ἄριστον· ἀγαθὸν γὰρ ἅπαν ἐπίφθονον. Αὐτοκατάκριτον δὲ πρὸς τῷ αἰσχίστῳ τὸ βάσκανον τὸ πάντων τῶν παθῶν ἀδικώτατον καὶ εἰκαιότατον τὸ τοῦ ἐλέους ἀντίπαλον· εἴπερ ἔλεος μὲν ἀλλοτρίοις κακοῖς ἐπαλγύνεσθαι, ἀγαθοῖς δὲ τὸ βάσκανον, οὐχ ἑαυτοῦ ἕνεκα, τοῦ δὲ πάσχοντος· καὶ αὔξησιν ποιεῖσθαι τῆς τηκεδόνος τῆς ἑαυτοῦ τῶν ἀλλοτρίων καλῶν τὴν ἐπαύξησιν, τὸν κεκτημένον ἀμυνόμενον πρότερον. Καὶ παιδεύσας μὴ κρίνειν τὸν σύνδουλον, ὡς ἂν μὴ κριθείημεν δικαίοις σταθμοῖς τοῦ μόνου κριτοῦ τὴν δίκην ἡμῖν ταλαντεύοντος· μηδὲ ἁρπάζειν τὸ τοῦ δεσπότου ἀξίωμα. Εἷς γὰρ κριτὴς, ὃς οὐ κρίνεσθαι πέφυκεν, ὡς μόνος ἁμαρτίας ἐλεύθερος, δεσπόζων, οὐ δεσποζόμενος. Ἄφετε, εὐαγγελικῶς ἐβόα, καὶ ἀφεθήσεσθε.

Τίς λύπην ἀπώσατο τὴν πρὸς θάνατον ἄγουσαν καὶ λύπην ἐδίδαξε τὴν θυμηδίας πρόξενον; ὧν ἡ μὲν ὡς πένθος τῆς ἐκ Θεοῦ ἁμαρτίας, σωτήριος· εἴπερ ἁμαρτάνειν τὸ ἀποτυγχάνειν οἱ ταῦτα δεινοὶ διειλήφασιν· ἡ δὲ τῇ στερήσει τῶν ἡδονῶν ἐπισυμβαίνουσα, θυμόφθορος ὄντως καὶ ἄρδην εὐδόκιμος. Οὐ γάρ ἐστιν, οὐκ ἔστι λύπην συμβῆναι, ἢ ἐπὶ στερήσει ἐφέσεως. Οἵα τοίνυν ἡ ἔφεσις, τοιάδε καὶ τῆς ἀστοχίας ἡ λύπη· ἀγαθῆς μὲν ἀρίστη, ἄλλως δὲ ἐχούσης, ἄλλως ἔχουσα. Ἀρίστη δὲ τῶν ἐφέσεων μία πρὸς τὸ μόνον ἄριστον νεύουσα. Τῶν ἐναντίων δὲ καὶ αἱ ἐφέσεις ἀντίθετοι. Ἀκηδίας δὲ τὸ ἄτονον οὐκ ἐτόνωσε μνήμῃ θανάτου; διδάξας αὐτῆς τῆς ψυχῆς νευροτομοῦσαν τὴν δύναμιν ἀποσείεσθαι, καὶ ταύτην ἀντεισοικίσας θεῖον φόβον, καὶ πόθῳ τὸν λαὸν παροτρύνας πρὸς εὐχὰς, καὶ ῥαθυμίαν ἄρδην τῶν ψυχῶν ἐκτινάττεσθαι, καὶ παντὶ σθένει τὰς ἑαυτῶν καρδίας τηρεῖν, ὡς ἂν μὴ ὡς διὰ θυρίδων τινῶν τῶν αἰσθήσεων ἀναβῇ θάνατος ἐπ' αὐτάς.

ιβ'. Ἐρευνᾶν τὰς Γραφὰς ἐδίδαξεν, ἐξηγητὴς καὶ παιδευτὴς τούτων γενόμενος, καὶ προφητικῷ πνεύματι τὰ κεκρυμμένα βάθη διερευνήσας τοῦ Πνεύματος, καὶ διαρρήξας τοῦ γράμματος τὸ προκάλυμμα, καὶ τὸ κάλλος δημοσιεύσας τὸ ἐναπόθετον· καὶ ταῦτα πάντα ἀτύφῳ, καὶ ἀκενοδόξῳ τῷ φρονήματι. Ἤδει γὰρ, ᾔδει καταπατεῖν τὸ κενὸν δοξάριον, τὸ κενὸν τῶν πόνων ἀνάλωμα, τὸ τῶν ἀρετῶν λήϊον λυμαινόμενον. Τιθρᾶν γὰρ οἶδεν, οἷα πίθον, τὸ ψυχικὸν δοχεῖον τῶν ἀρετῶν, καὶ τῇ ἐκροῇ εἰσροὴν ἐκλαμβάνουσα, οὐδὲν ἧττον κενὸν τὸ δοχεῖον καθίστησιν, ἀκερδεῖς ἱδρῶτας χαριζομένη, καὶ πόνον προξενοῦσα ἐπικαρπίας ἀμέτοχον. Πρέπειν γὰρ ᾔδει, Θεῷ μὲν πᾶν κλέος καὶ ἔπαρμα, ἀνθρώπῳ δὲ τὴν ταπείνωσιν, ὁδὸν ἀρίστῳ γινομένην ὑψώσεως, καὶ Ἰσραὴλ κλίματα, πρὸς Θεὸν μὲν ἀναβιβάζουσαν ἄνθρωπον, καὶ Θεὸν καρδίας τελοῦσαν ἐφέστιον.

ιγ'. Ἐταπεινοῦτο πάσῃ τῇ κτίσει διὰ τὸν κτίσαντα Κύριον, ᾗ μόνον οὐ Χριστὸς ἠτιμάζετο, καὶ νόμος θεῖος παρεωρᾶτο καὶ ἀνετρέπετο. Ἀπηνήνατο σοβαρὸν ἅπαν καὶ βλοσυρὸν, καὶ ὑπεροφρυβλέφαρον· μειλίχιον μὲν τὸ ὄμμα τοῖς ὁμιλοῦσι διδούς, λόγον δὲ ἤπιον καὶ θεῖον ἠρτυμένον ἅλατι. Τὸ ἦθος μὲν χαρίεν, ἀστεῖον δὲ τὸ τοῦ προσώπου μειδίαμα, οὐ πρὸς ἔκλυτον διαχεόμενον γέλωτα. Εἰδὼς γὰρ ὡς ταῖς ἀρεταῖς αἱ κακίαι παραπεπήγασι, καί εἰσί πως ἀγχίθυροι, τῷ ἄριστα διακελευομένῳ πειθόμενος, προσεῖχεν ἑαυτῷ, τραπεζίτης εὐκρινὴς γινόμενος· κίβδηλον μὲν ἅπαν ἀποπεμπόμενος χάραγμα, τῆς δὲ βασιλικῆς εἰκόνος τὴν δραχμὴν προσιέμενος, κακίας μὲν ἅπαν εἶδος, ὡς χοῦν ἐκρίπτων τῆς ἑαυτοῦ καρδίας ῥύμῃ θείου Πνεύματος, ταῖς ἀντιθέτοις δὲ τῶν κακιῶν ἀρεταῖς ἀρδευόμενός τε καὶ πιαινόμενος, καὶ ὡσεὶ ἐλαία κατάκαρπος ἐν οἴκῳ Θεοῦ τῇ Ἐκκλησίᾳ ἀειθαλὴς γινωσκόμενος, καὶ Θεῷ φέρων καρπὸν ὡραῖον τὴν τῶν δι' αὐτοῦ σωζομένων πληθύν· ἢ ὡς φοῖνιξ τις τῶν ἀρίστων ἐλέγχων σφραττόμενος σκόλοψι. Καὶ διελέγχων ἄριστα τοὺς οἰκίαν πρὸς οἰκίαν συνάπτοντας, καὶ Ναβουθαὶ διαρπάζειν ἐπειγομένους τὸν ἀμπελῶνα, ὡς οὐκ ὄντος Ἠλιοῦ τοῦ διελέγξοντος. Ἀλλ' ἤγειρεν αὖθις Ἠλίαν τὸ Πνεῦμα τὸ ἅγιον, ἐμφιλοχωροῦν ἐν δικαίων ψυχαῖς. Κατὰ γενεὰν καὶ γενεὰν προφήτας ἀνίστησι,

IN PRAISE OF ST. JOHN CHRYSOSTOM

ζηλωτὰς ἔργων ἀγαθῶν, ἀποστυγοῦντας μὲν ὅ τι φαῦλον καὶ ἄτοπον, εἰσοικιζομένους δὲ καὶ ἀντεισάγοντας πᾶν ἔννομόν τε καὶ δίκαιον.

ιδ΄. Οὕτως οὗτος ὁ θεῖος ἀνὴρ κριτὴς τῆς ἀδικίας ἐγίνετο· οὐ ταύτῃ κρίνων, ἄπαγε· πῶς γάρ; ἀλλὰ κατακρίνων, καὶ δεικνὺς ταύτην ἀπόβλητον, καὶ τῶν θείων περιβόλων ἀπείργων, ποιοῦντας τὰ ἄδικα. Χήρα γὰρ αὐτὸν ὑπεπίαζε θαμινὰ παρενοχλοῦσα, τρυχομένη τὴν καρδίαν τῷ ἀδικήματι. Καταφύγιον ὥσπερ ὀχυρόν τι καὶ ἀκαθαίρετον τουτονὶ καταλαμβάνει τὸν τοῦ Θεοῦ ἄνθρωπον, ἀσφαλῶς οὐχ ἥκιστα βεβουλευομένη. Τίνα γὰρ ἂν ἕτερον εὕρατο τοῦ πάθους ἀντιληψόμενον; ἄρχοντα; ἀλλ' ἦρχε τῶν ἀρχόντων ἡ ταῦτα ἐπηρεάζουσα. Βασιλέα; ἀλλὰ τῇ τοῦ μέλους προσπαθείᾳ τὴν γνώμην κατεθηλύνετο. Σὰρξ γὰρ ἦν ἐκ τῆς σαρκὸς αὐτοῦ ὀστοῦν αὐτοῦ κεχρημάτικεν ἡ δρῶσα τὸ βίαιον. Καὶ ἦν ἔδει τοὺς ἀδικοῦντας ἐπιστομίζειν, ἀδικεῖν ἠπείγετο. Τί δρᾷς ὦ παράνομον γύναιον; ἁλουργίδα περίκεισαι, οἷα νόμου φύλαξ προβεβλημένη, καὶ νόμον καταπατεῖς; ὢ τῆς ἀρρήτου σοφίας τοῦ φήσαντος· Μὴ δότε τὰ ἅγια τοῖς κυσί, μηδὲ ρίπτετε τοὺς μαργαρίτας ἔμπροσθεν τῶν χοίρων! Αὕτη γὰρ τὸν θεῖον νόμον καταπατήσασα τὸν ἅγιον, τὸν μαργαρίτην δηλαδὴ τὸν πολύτιμον, στραφεῖσα τὴν πενιχρὰν χήραν ἔρρηξε, τὴν ταύτης ἐφήμερον βιοτὴν διαρπάσασα. Τί πράττει, ὦ ἄπληστον καὶ ἀχάριστον γύναιον; γῆν τε καὶ θάλασσαν δωροφοροῦσαν ἔχουσα, χήρας ἀπόρου κατατρέχεις τοῦ πενιχροῦ κτήματος, ἧς σε δίκαιον ἦν ἀνταλλάξασθαι βίον; λόγῳ δὲ βεβαιοῦσα τὸν νόμον, ἔργῳ τοῦτον δρᾷς ἀποκήρυκτον; οὐκ ᾐδέσθης τὸν πατέρα τῶν ὀρφανῶν καὶ κριτὴν τῶν χηρῶν; ἀλλ' ἤκουσεν ὄντως ὁ τοῖς θείοις λόγοις ἀεὶ τρεφόμενος τῆς θεοπνεύστου ῥήσεως· Κρίνατε ὀρφανόν, καὶ δικαιώσατε χήραν· καὶ Ἠλίαν ἔχων τοῦ ζήλου ποδηγὸν τὸν πυρίπνοον, Ἰωάννου μιμεῖται τὴν παρρησίαν, οὐκ ἔξεστί σοι λέγων ἔχειν τὸν ἀμπελῶνα τῆς ἀδελφῆς σου. Οἴει γὰρ τὴν φύσιν ἐκβεβηκέναι, εἰ καὶ τὴν ἀξίαν ὑπερέβης τῷ τυραννικῷ ἀξιώματι; Ἀρχὴ γὰρ νόμῳ τυπουμένη βασιλεία καθίσταται, παρανομίᾳ δὲ στοιχειουμένη, τυραννὶς οὐκ ἀδίκως κατονομάζεται. Οὐκ ἀνέγνως Ἰεζάβελ τὸ δραματούργημα; τί τουτονὶ τὸν θεῖον εἰσέρχῃ σηκόν; ἄπαγε πόρρω τῶν θείων ἀνακτόρων. Λουτὴρ ὑπάρχει ὁ θεῖος ναός, ἀπορρίπτων τὰ ἁμαρτήματα. Οὐ τελώνης τὸν Ἰησοῦν ἐφέστιον εἰσδεξάμενος καλῶς διεσκόρπισεν, ἃ κακῶς ἐτελώνησε; καὶ σὺ θύγατερ (ἔτι γάρ σε μέλος οὖσαν, εἰ καὶ δύσχρηστον περιέδω ἐλπίδι τῆς σωτηρίας, σωτηρία δὲ μετανοίας δίχα, τῶν ἀνυπάρκτων καθέστηκεν)· ἀπόδος καλῶς, ἃ κακῶς διήρπασας.

ιε΄. Ταῦτα λέγων, οὐκ ἔπειθεν. Ἔβυσε γὰρ τὴν ἀκοὴν ὡσεὶ ἀσπὶς, οὐκ ἐπαίουσα τοῦ φιλοθέως καὶ σοφῶς φαρμακεύοντος. Ἐπεὶ δὲ τὸ πάθος ἑώρα πάμπαν ἀνίατον, ἐξωθεῖ τοῦ ἱεροῦ θαλάμου τὴν ἔνδυμα γάμου μὴ ἔχουσαν. Εἶτα τί; ἡ Ἰεζαβὲλ πάλιν τοῦ προφήτου κατεξανίσταται, καὶ φεύγει μὲν οὐδαμῶς ὁ κῆρυξ τῆς ἀληθείας, οὐδὲ φρουρᾷ παραδίδοται, οἷα φωνὴ βοῶντος, ἀλλ' ὑπερορίαν καταδικάζεται. Ὦ τοῦ ἀτόπου φρονήματος! πάλιν τὸ τοῦ ὄφεως θέλγητρον τῆς Ἐκκλησίας τὸν τοῦ Θεοῦ ἄνθρωπον ἐξορίζειν ἐπείγεται, καὶ τῆς ἐφέσεως οὐ διήμαρτε. Μικρὸν ὅσον τοῦ θείου μακροθύμως ἐπινυστάξαντος βλέμματος, τοῦ βασιλικοῦ ἐξορίζεται ἄστεος, μᾶλλον δὲ προμηθείᾳ Θεοῦ τοῦ θριαμβεύσαντος τῶν αὐτοῦ φιλῶν θεραπευτῶν τὸ ἀρρενωπὸν φρόνημα, καὶ πᾶσαν Θεοῦ οἷα Θεοῦ ὢν ἐν αὐτῷ, καὶ σὺν αὐτῷ περιῄει, σὺν Ἀβραὰμ πρὸς ἀλλοδαπὴν καλούμενος, σὺν Μωϋσῇ τῶν βασιλείων φυγαδευόμενος, σὺν Ἡλίᾳ πρὸς τὸ ἄντρον Χωρὴβ ἀποτρέχων, σὺν Ἰησοῦ τῷ Θεῷ φεύγων εἰς Αἴγυπτον, ὡς ἂν ἐν τοῖς ἄθλοις ἡ ἀνδρεία γνωσθείη, καὶ κατάλληλα τὰ ἔπαθλα δρέψοιτο. Ὡς ἂν τρόπον τινὰ τὸν Ἰὼβ ἐκμιμήσηται, καὶ πρὸς αὐτὸν ἐρεῖ Θεός. Ἢ οἴει με ἄλλως κεχρηματικέναι σοι, ἢ ἵνα δίκαιος ἀναφανῇς, ὡς ἂν καὶ ἄλλοις κηρύξῃ τὸ Εὐαγγέλιον.

ις΄. Εἰ δὲ καί τινες ἕτεροι τῆς παρανόμου ταύτης ὑπερορίας συλλήπτορες γεγόνασι, σιγῇ τιμῶμεν αἰδοῖ τῶν Πατέρων, ὡς ἂν μὴ τοῦ Χὰμ ἀπενεγκώμεθα πρόστιμον, τοῖς Πατράσιν ἐπιτωθάζοντες. Πολύτροπος γὰρ ἡ περὶ τούτου διήγησις, τῶν μὲν ἐπισκόπων ἐπιχεόντων τὸ ἄτοπον, τῶν δὲ τουτὶ πάντῃ ἀπαναινομένων, καὶ τῆς βασιλίδος καταψηφιζομένων, ἀπειλούσης τὴν τῶν ἑλληνικῶν τεμένων ἀνακαίνισιν, ἤδη καθαιρεθέντων ἄρτι, εἴ γε μὴ σύμψηφοι πρὸς τὴν θείου ἀνδρὸς γένοιντο δίωξιν. Καὶ νικάτω τὸ εὔφημον· οὐκ ἀγαθὸν γὰρ Πατέρας συγκρίνειν, ὡς ἂν μὴ τούτων ὑφ' ἑαυτῶν κριταὶ κατασταίημεν.

ιζ΄. Εἴτε οὖν οὕτως, εἴτε ἐκείνως, ἀφαιρεῖται τῆς Ἐκκλησίας ὁ πρόεδρος, ἡ κεφαλή τε τοῦ σώματος, καὶ χηρεύει τὸ ποίμνιον τοῦ καλοῦ ποιμένος τοῦ χριστομιμήτως ἀεὶ τὴν ψυχὴν τιθέντος τὴν ἑαυτοῦ ὑπὲρ τῶν προβάτων. Καὶ

IN PRAISE OF ST. JOHN CHRYSOSTOM

ἐπόθει ἡ Ἐκκλησία τὸν κήρυκα, τὸν νομέα, τὰ πρόβατα, καὶ τὴν σύριγγα· οἱ τοῦ Χριστοῦ ὑπερασπισταὶ τὸν ταξίαρχον, καὶ τὴν σάλπιγγα κατ' ἐχθρῶν νοητῶν ταράττουσαν, τὸν προασπιστὴν αἱ χῆραι· οἱ ὀρφανοὶ τὸν πατέρα· οἱ νοσοῦντες τὸν κομιστὴν, οἱ ξένοι ξεναγωγόν· ἡ τῶν πόλεων ἁλουργὶς τὸν χρυσὸν τὸν ἀκίβδηλον κοσμοῦντα δι' ἑαυτοῦ, καὶ ἐπικιρνῶντα τὴν βασιλείαν τῇ ἱερωσύνῃ, καὶ τῇ τοῦ πατρὸς ὥρᾳ χαριτοῦντα τὸ σκῆπτρον, καὶ τὸ διάδημα· αἱ φιλόθεοι ἀκοαὶ τὸν χρυσολόγον καὶ χρυσόστομον. Καὶ εἰ μὴ τολμηρὸν φάναι, συνεξῄει Χριστὸς ὃν ἔφερεν ἔνοιστον. Ὢ πῶς ἀδακρυτὶ τὴν ἀνήκεστον ἐκτραγῳδήσαιμι συμφοράν; οὐδὲ λιθίνη γὰρ καρδία μὴ δακρύειν ἐπὶ ταύτῃ δυνήσεται, ἐπεὶ καὶ λίθος ῥάβδῳ Μωσαϊκῇ ῥαπιζομένη ἐξέχεε νάματα, καὶ καρδία στερρὰ τῷ μεγέθει πληγεῖσα τῆς τραγῳδίας, ποταμηδὸν ἐκχεῖ δακρύων κρουνούς. ιη'. Ἀλλ' ἄφνω τὰ βασίλεια θραύεται, καὶ Φαραὼ πάλιν τὸν θεόπτην ἐπιβοᾷ τὰ πρὸς τὴν τῆς μάστιγος ἄμυναν· ὃ δὴ καὶ γίνεται. Ἅμα γὰρ Ἰωάννης βασιλικῷ παλινοστεῖ προστάγματι, καὶ ἐκόπασεν ἡ θραῦσις. Οὕτως οἶδε Θεὸς τιμᾶν τοὺς ὄντας αὐτοῦ· Ζῶ γὰρ ἐγώ, λέγει Κύριος, ἀλλ' ἢ τοὺς δοξάζοντάς με δοξάσω. Πάλιν τοίνυν ἐν εὐθυμίᾳ τὸ Χριστοῦ ποίμνιον. Πᾶσι γὰρ ἀποδίδοται ὁ τὰ πάντα πᾶσι γινόμενος, καὶ χαίρει μὲν ἅπαν Χριστοῦ τὸ ὑπήκοον, καὶ πιαίνεται, καὶ αὔξει ἐν ἀγαθῇ γῇ τῆς καρδίας, ὡς σπόρον τοῦ πνεύματος τοὺς Ἰωάννου λόγους δεχόμενος. Ὁ δὲ διάβολος θραυματίζεται, καὶ πάλιν τοῦ κήρυκος συνήθως κατεξανίσταται, καὶ ἐξαιτεῖται ὁ ἀδρανὴς τὸν ἀνδρεῖον τῆς Ἐκκλησίας πρόβολον, καταλύειν πειρώμενος, καὶ τὸν πλοῦτον λαφυραγωγεῖν τὴν ἀσύλητον· καὶ λαμβάνει μὲν τὴν ἐξουσίαν τοῦ σώματος, ὥς ποτε τοῦ Ἰὼβ ὁ τούτου μὴ φέρων πρότερον τὸ ἐμβρίμημα. Καὶ πάλιν ὁ δίκαιος αἴρεται, ὁ νυμφίος τῶν θαλάμων ἐξοστρακίζεται, καὶ τὸν νυμφικὸν ἡ Ἐκκλησία περιαιρεῖται κόσμον, καὶ τὴν κεφαλὴν περικείρεται, τοῦτον οὐκ ἔχουσα. Πῦρ γὰρ ἐκ τοῦ θρόνου, οἷα σκηπτὸς θεήλατος τὴν Ἐκκλησίαν ἅμα καὶ τὴν σύγκλητον κατανέμεται. Καὶ πάλιν οἰμωγαί τε καὶ δάκρυα, συνεκδημεῖν πλήθους ἢ ἐνδημεῖν ἐφιεμένου, καὶ ἦν αὐτοῖς ὁ θάνατος αἱρετώτερος τῆς Ἰωάννου στερήσεως. Ἀλλὰ φευκτῶν κακῶν Θεοῦ παραχωροῦντος ἐπικρατούντων, οἷς ἐπίσταται, κρίμασιν.

ιθ'. Οὕτω γὰρ πάλιν ἀμείβων, ἐξ ἄστεος ἐκ χώρας εἰς χώραν μεθιστάμενος, ὃν ἐπόθει διώξας κατέλαβε· τὸ ζῆν χρηστὸν λογισάμενος, καὶ κέρδος τὸν θάνατον,

IN PRAISE OF ST. JOHN CHRYSOSTOM

τὸν ἀγῶνα τὸν καλὸν ἀγωνισάμενος, τὴν πίστιν τηρήσας, καὶ τὸν δρόμον τελέσας, καὶ κομισάμενος τῶν ἄθλων τὰ ἔπαθλα, τῆς δικαιοσύνης τὸν στέφανον. Ἀλλ' οὐκ εἴασε καὶ θανὼν τὴν νύμφην τὴν ἑαυτοῦ ὁ φιλούμενος, φιλόνυμφος, καὶ φιλότεκνος, οὔτε μὴν τοὺς παῖδας τοὺς ἑαυτοῦ τῆς οἰκείας ἐστερημένους χάριτος, ἀλλὰ θείᾳ Προνοίᾳ καὶ κρίσει καταλλήλως πρὸς τὰ βασίλεια φέρεται, τὸ μὲν σῶμα πρὸς τὰ ὁρώμενα, τὸ δὲ πνεῦμα πρὸς τὰ ἀθέατα· καὶ κῆρυξ τῶν θείων λογίων διαμένει, μέχρις Χριστὸς αὖθις παραγενήσεται, μεθ' οὗ δοξασθήσεται, τῆς αὐτοῦ κατατρυφῶν χαρᾶς τε καὶ ὡραιότητος. Ταῦτά μοι, ὦ Πάτερ Πατέρων, πρός σε τὰ ψελλίσματα· ἀλλ' ἐποπτεύοις ἡμᾶς τοὺς ὁμωνύμους, καὶ ἀντιδοίης τῆς πρὸς τὸν Κτίστην οἰκείωσιν, ὅς ἐστι Χριστὸς, εὐφροσύνη αἰώνιος· ᾧ ἡ δόξα, καὶ τὸ κράτος, πάντοτε, νῦν, καὶ ἀεὶ, καὶ εἰς τοὺς ἀτελευτήτους αἰῶνας τῶν αἰώνων. Ἀμήν.

The Scriptorium Project is the work of a small group of lay people of various apostolic churches who are interested in the preservation, transmission, and translation of the works of the early and medieval church. Our efforts are to make the works of the church fathers accessible to anyone who might have an interest in Christian antiquities and the theological, philosophical, and moral writings that have become the bedrock of Western Civilization.

To-date, our releases have pulled from the Greek, Syriac, Georgian, Latin, Armenian, Indo-Persian, Germanic, Nordic, Slavic, Celtic, Ethiopian, and Coptic traditions of Christianity, and have been pulled from sundry local traditions and languages.